T40

# LA SOCIÉTÉ

## POPULAIRE DE NANCY,

### RÉINTÉGRÉE;

En réponse à la partie du rapport du Représentant du Peuple, *BALTHAZARD FAURE*, relative aux évènemens contre-révolution-naires, qui se sont passés dans cette Commune, en Frimaire et Nivôse derniers.

———————————

AVANT de répondre à Faure, nous déclarons formellement, que, pénétrés de respect pour la Représentation natio-nale, nous n'entendons pas la blesser en la personne de ce Représentant, consi-déré comme mandataire du Peuple, et que, dans tout ce que nous dirons de lui, nous n'avons pour motif que de faire connaître qu'il a indignement abusé des Pouvoirs que la Convention nationale lui avait confiés.

A

( 2 )

Nous ne prétendons pas encore nous ériger en champions des Représentans du Peuple, Lacoste et Baudot, et les défendre contre les injures de Faure; ils sont encore plus forts que nous; et, sans répondre à leur Collègue par un écrit, ils pourront complettement s'en venger, en présentant à la Convention nationale, une masse de preuves qui ne laisseront pas douter de la vérité de leur assertion, lorsqu'ils ont dit que Faure a organisé la contre-révolution par-tout où il a fait usage de ses pouvoirs.

Ardens amis de la République une et indivisible, nous devons sommairement démontrer, que si Faure n'est pas un contre-révolutionnaire, au moins il a fait tout ce qu'il était possible pour opérer une espèce de contre-révolution à Nancy.

Soit que ce Représentant du Peuple prétende avoir été trompé, soit qu'il n'ait pas eu assez d'énergie et de talent pour conserver intacts les intérêts de la République; au moins est-il bien certain qu'il nous a donné droit de croire qu'il a bien voulu l'être, et qu'au lieu de servir les intérêts de la République à Nancy, il a précisément employé les moyens qui devaient l'anéantir.

De manière que si nous parvenons à prouver par des faits, que le Représentant du Peuple, Faure, n'a pas fait ce qu'il fallait, et ce que les vrais Patriotes lui disaient de faire, pour se mettre à l'abri des erreurs dans lesquelles il est tombé, et qu'il a employées croyant servir les intérêts de la République, les seules mesures qui devaient les compromettre, et les a compromis en effet à Nancy, nul doute que les vrais Amis de la Montagne ont raison de dire qu'une espèce de contre-révolution a été organisée à Nancy par Faure; qu'il y a favorisé les Aristocrates, les Fédéralistes, les Modérantistes sur-tout, et qu'enfin il s'est trouvé à la tête d'un parti contre-révolutionnaire.

## PREMIÈRE PREUVE.

*Le Représentant du Peuple, FAURE, parait n'avoir été trompé, que parce qu'il a bien voulu l'être.*

FAURE dit dans son rapport, qu'il a, dès son arrivée à Nancy, considéré Mauger, Febvé, Brisse, Arsant et autres

Patriotes, d'après l'opinion de la Société populaire, prononcée en leur faveur, comme de bons républicains; sans doute que, conversant tous les jours avec eux, il a été confirmé dans l'opinion que lui en avait fait prendre la Société populaire, où se trouvaient alors une vingtaine d'amis de la Montagne, puisque, pendant plus de deux mois, il s'est plû à s'entourer de leurs conseils, et à partager leurs sentimens politiques.

C'est à cette époque même, que, l'instruisant de tout ce qui s'était passé à Nancy avant son arrivée, Mauger, Febvé, Brisse, Arsant et Philip, lui exposèrent la nécessité de purger le Directoire du Département et la Municipalité, de quelques faux patriotes, dont ils lui demandèrent la destitution.

Comme Faure ne dit pas dans son rapport les noms et les crimes que l'on reprochait à ces individus, nous allons le dire, et l'on jugera si l'on demandait à Faure un acte d'injustice.

Ces hommes sont, Mourer, alors Procureur-général-syndic du Département ; Rollin l'aîné, Membre du Directoire du

( 5 )

Département, et Barbillat, à la fois Officier municipal et Directeur de la Maison de Réclusion, pour les femmes de mauvaise vie.

Pourquoi lui demandait-on ces destitutions ?

C'est que Mourer a été un apôtre du fédéralisme; c'est que Mourer avait prêché ce système liberticide, avec une impudence incroyable, dès le mois de Janvier 1793, ( style esclave ) en présence des Représentans du Peuple, Rhull, Couturier et Dentzel; c'est que, dans les mouvemens des Fédéralistes du Département de la Meurthe, par suite des heureuses journées des 31 Mai, 2 et 3 Juin suivans, Mourer s'était affiché comme un des plus ardens ennemis de la Montagne.

Pourquoi lui demandait-on la destitution de Rollin?

C'est que cet individu était notoirement connu à Nancy pour un faux patriote, pour un modérantiste, pour un homme d'autant plus dangereux qu'il possède l'art de s'énoncer avec facilité et froidement, et de présenter ses opinions liberticides, d'une manière adroite, qui porte souvent la conviction dans les esprits faibles ; c'est que Rollin avait, par sa fausse éloquence, déterminé le Directoire du Département, à choisir pour Maire de Nancy, un prêtre nommé Gehin, l'un des chefs du parti fédéraliste de cette Commune, et qui avait eu l'audace de prêcher l'établissement d'une force départementale contre Paris ; c'est que Rollin, dans toutes les circonstances, n'avait enfin manifesté que de la haine pour les têtes révolutionnaires, et qu'il appelait ceux que la nature et l'amour de la Liberté ont doué d'une ame forte et d'un esprit juste, des *amis de Pitt et de Cobourg.*

Pourquoi demandait-on à Faure la destitution de Barbillat ?

C'est que Barbillat est notoirement connu pour un protégé de Salles, dont il avait colporté une lettre liberticide ; c'est qu'il a constamment prêché les principes des Fédéralistes. L'opinion que les Patriotes avaient de cet homme, s'est justifiée depuis par le rôle principal qu'il a joué dans la cabale persécutrice des plus chauds Montagnards de Nancy.

En demandant à Faure la destitution et l'arrestation de ces trois individus, les Patriotes ne manquèrent point de lui faire attester les crimes dont ils les accusaient ; on lui fit connaître aussi, et on lui donna les noms d'une très-grande quantité d'hommes moins apparens, mais non moins dangereux que Mourer, Rollin et Barbillat ; et, dans la Société, les vrais amis de la République mirent quelquefois Faure à portée de juger, par les discours de quelques-uns de ces faux patriotes, que Mauger, Brisse, Febvé, Arsant et Philip, lui avaient dit à leur égard la plus austère vérité.

L'on fit donc connaître à Faure, d'une manière franche et républicaine, la situation politique de Nancy ; et l'amitié qu'il témoignait alors à Mauger, Febvé, Brisse, Arsant et Philip, semblait être le prix de leur ardent amour pour l'Égalité et la Liberté ; de son propre aveu, ces vrais Sans-culottes avaient obtenu sa confiance, au point que Mauger n'est parti de Nancy qu'avec une Commission de Directeur des Salines de Dieuze, que Faure lui avait donnée l'avant-veille du jour qu'il le fit arrêter. Febvé, trois jours avant son arrestation, paraissait être encore l'ami de Faure, qui l'employait à rédiger les Proclamations qui lui ont fait le plus d'honneur, que Philip était en correspondance active et utile avec ce Représentant, qui semblait se plaire à recevoir ses conseils.

Faure, avant d'obtenir ses Pouvoirs illimités, qu'il ne dut qu'au zèle et à la chaleur des mouvemens que se donna Febvé l'aîné, lorsqu'il fut à Paris, était donc parfaitement instruit des sentimens politiques que professaient ceux qu'il a persécutés depuis avec tant d'acharnement. Graces aux vrais Patriotes qui ont été ses victimes; il connaissait de même les sentimens politiques des individus qui, depuis, ont obtenu sa confiance. Or, nous devons conclure que si Faure n'a été que trompé par ces derniers, c'est qu'au moins il paraît que Faure a bien voulu l'être.

DEUXIÈME

# DEUXIÈME PREUVE.

*Le Représentant du Peuple, FAURE, a employé, pour servir les intérêts de la République, des mesures qui devaient les compromettre, et il les a compromis à Nancy.*

POUR servir dignement les intérêts de la République à Nancy, dont Faure connaissait parfaitement la situation politique, d'après les instructions que lui avaient fournies Mauger, Febvé, Arsant, Brisse et Philip, que devait faire ce Représentant du Peuple, dès qu'il eut reçu de la Convention des Pouvoirs illimités ?

C'était de purifier les Corps administratifs qui pouvaient recéler, dans leur sein, quelques Fédéralistes et faux Patriotes ; c'était de faire épurer la société populaire de la tourbe impure de Fédéralistes et Modérantistes qui l'infectait, et de suivre, pour cet effet, les conseils et le plan de Philip, approuvés, depuis long-temps, par tous les vrais Républicains ; c'était de faire juger les Aristocrates

B

et personnes suspectes dont les maisons d'arrêt étaient remplies ; et, pour y parvenir suivant le vœu des Patriotes, créer une Commission ou un Tribunal révolutionnaire, composé de Juges intègres et Montagnards prononcés, ainsi que l'avaient fait ses Collègues à Marseille, Bordeaux et Ville-affranchie ; c'était de protéger les vrais Sans-culottes contre les Aristocrates, les Fédéralistes et Modérantistes qui depuis long-temps s'élevaient contre eux ; c'était enfin de faire exécuter et recueillir la taxe de cinq millions, ordonnée par les Représentans du Peuple, Lebas et Saint-Just, laquelle taxe, d'après le travail préparatoire fait par Philip et ses collègues Sans-culottes composant le Comité de Surveillance, ne devait porter que sur les riches Aristocrates, agioteurs et égoïstes de Nancy.

Loin d'employer ces mesures, que l'intérêt de la République lui dictait, le Représentant Faure, au contraire, s'est entouré d'intrigans, de Fédéralistes, de Modérantistes et d'agioteurs ; il a pris ses conseils dans ces hommes de boue, que Mauger, Febvé, Arsant, Brisse, Gastaldy,

Giverne et Philip, lui avaient fait connaître, et qu'il avait vus lui-même des ennemis de l'indivisibilité de la République. Et comme s'il n'y avait pas eu assez d'intrigans à Nancy, Faure s'entoura encore du nommé Gency, lequel avait été chassé du magasin de Saint-Denis près Paris, pour son ineptie et son inmoralité, et que l'on accuse même d'avoir favorisé des fournisseurs infidelles. Faure suivait encore les conseils de deux femmes, qu'il appelait des Jacobines, et dont la conduite indécente provoquait l'indignation et le mépris pour le Représentant du Peuple, qui s'avillissait publiquement avec elles. Enfin, Faure fit encore son conseiller, son agent, du nommé Thiébault de Metz, et de quelques autres scélérats de son espèce, qu'il chargeait de commissions aussi délicates qu'importantes. Dès lors le petit nombre de Sansculottes qu'il avait nommés ses amis, furent repoussés, en attendant qu'il pût imaginer des motifs pour les faire incarcérer, ou les persécuter.

Que devait-on attendre de Faure, entouré, guidé par des Fédéralistes, des agioteurs et des Modérantistes ? Tout le mal qui est arrivé à Nancy ; c'est-à-dire, l'incarcération de plusieurs Patriotes , et une espèce de contre-révolution.

Par les conseils perfides de ces ennemis de la Montagne , Faure a substitué aux vrais Sans-Culottes qui composaient le Comité de Surveillance , des hommes sans caractère et sans patriotisme ; il a consenti que ce nouveau Comité de Surveillance n'exécutât pas la taxe sur les riches égoïstes de Nancy , ordonnée par les Représentans du Peuple Lebas et S.t-Just ; il a appuyé au contraire auprès de ses deux Collègues, alors à Strasbourg , la demande en diminution de cette taxe, . demande faite au nom des habitans de Nancy , c'est-à-dire, au nom des riches Aristocrates , agioteurs , Fédéralistes et Modérantistes de cette Commune ; et cette demande en diminution d'une taxe dont le produit devait servir aux besoins de nos Frères d'armes, fut arrêtée par Faure, ou consentie par lui, à la prière d'un nommé Martin, dit le Grand-Nez, Patriote de très-fraîche date, dans un souper que celui-ci donna pour cet effet au Représentant du Peuple, enfin réduite à plus de moitié et répartie par Martin et Compagnie. Cette taxe a définitivement plus porté sur le petit nombre de Patriotes, que sur leurs riches ennemis.

Quoiqu'en dise Faure dans son rapport, il est certain qu'il s'est servi du prétexte de l'affaire de Mauger, pour faire emprisonner le petit nombre de vrais Montagnards, que Nancy recélait dans son sein ; et qu'il lui a plu d'appeler des complices de Mauger, dont seulement ces Républicains partageaient les opinions politiques ; vérité prouvée au Tribunal révolutionnaire, lors du jugement de l'affaire de Mauger, et sentie dans le même moment à Nancy par les Représentans du Peüple, Lacoste, Baudot et Bar.

Faure a destitué Brisse de la place de Maire de Nancy, par le seul fait que ce Montagnard, d'une probité éprouvée, a une tête véritablement révolutionnaire ; et ce Représentant, s'arrogeant, contre le vœu de la Loi, le droit de juger qu'elle réserve aux seuls Tribunaux, condamna à la détention jusqu'à la paix, le Maire de Nancy, sous des prétextes aussi faux que ridiculés, et que la haine la plus attroce pouvait seule inventer.

N'ayant pu envoyer au Tribunal révolutionnaire, comme prétendus complices de Mauger, que Febvé, Arsant, Laplaigné et Chailly, nous ne croyons pas devoir parler de Durozay et Cunin, qui n'habitent pas notre Commune, et qui nous sont inconnus. Faure, qui voulait cependant se défaire de tous les Montagnards, fit incarcérer, sans même aucun motif plausible, Cayon, Thouvenin – Fafet, Montrol et Gastaldy. Si Poirot-Valcourt, Giverne, Colle, Wulliez, Duthé, Guivard, Vatronville, Sigisbert Blaize, Friand, Desrivages, coutelier, et Mouton, n'ont pas été incarcérés, ils ont été en butte à la haine et aux persécutions des dignes conseillers et agens de Faure, jusqu'à l'heureux moment où les Représentans du Peuple, Lacoste, Baudot et Bar, sont venus à Nancy.

Mais si Faure et les scélérats dont il s'était entouré, ont fait incarcérer et persécuté les vrais Patriotes du Département de la Meurthe, ils ont en revanche fait sortir de prison un grand nombre d'Aristocrates, Royalistes et Fédéralistes, que le Comité de Surveillance, que Faure et ses amis avaient tant en horreur, avaient fait arrêter, et dont il demandait la mort pour ceux dont les crimes bien connus semblaient la mériter.

Nous ne joindrons pas ici la liste de tous ces individus; mais pour donner un échantillon du républicanisme de Faure, nous citerons seulement trois ou quatre ennemis bien connus de la République, qu'il a fait mettre en liberté.

Le premier est Foissey, ex-constituant, dont les principes liberticides sont notoirement connus, et que le Représentant du Peuple, Baudot, vient d'envoyer au Tribunal révolutionnaire, à Paris.

Le second est un nommé Lemonier, ci-devant clerc de Procureur, ex-commissaire de guerre, destitué; incarcéré d'abord par ordre des Représentans du Peuple, Ehrman, Richaud et Sobrani; et depuis, par ordre du Comité de Surveillance, pour des faits de son administration, et pour sa conduite et ses sentimens contre-révolutionnaires, lequel est actuellement à la Conciergerie, à Paris.

Le troisième est un nommé Labbaye arrêté par ordre du Comité de Surveillance, comme contre-révolutionnaire, et aujourd'hui à la Conciergerie, à Paris.

Le quatrième est un nommé Aubertin, ci-devant commissaire-national au Tribunal de District à Nancy, destitué de ses fonctions par les Représentans du Peuple, Ehrman, Richaud et Sobrani, comme l'un des principaux apôtres du fédéralisme, et arrêté par ordre du Comité de Surveillance, lorsque des Républicains le composaient, sur la dénonciation de sa Section.

A ceux-ci nous devons joindre Regnault, ci-devant juge de paix, l'un des principaux chefs des Aristocrates, qu'il a protégés ouvertement dans tout le cours de sa vie politique, lequel avait été destitué et incarcéré par ordre des Représentans du Peuple, Ehrman, Richaud et Sobrani.

Ce Regnault a été réintégré dans sa place de juge de paix, par Faure, au mépris de l'Arrêté de ses trois Collègues : mais, pour tâcher de faire excuser un acte de pouvoir dont il ne pouvait s'empêcher de sentir le vice, Faure crut

devoir

devoir consulter la Société populaire, et agir d'après son avis.

Mais qu'était alors la Société populaire ? Elle ne comptait plus dans son sein que des partisans de Salles et Mollevault, et une foule d'individus qui en avaient été chassés depuis long-temps, pour avoir signé des adresses liberticides, et refusé de signer celle qu'avait rédigé Febvé, en adhésion aux heureuses journées des 31 Mai, 2 et 3 Juin suivant, qui ont sauvé la République.

Cette conduite de Faure, opposée à celle d'un véritable ami de la République, loin de servir ses intérêts à Nancy, dut produire l'effet contraire ; elle enhardit les Aristocrates, les Fédéralistes et les Modérantistes ; et chose incroyable, c'est que peut-être, pour la première fois, ces trois espèces d'ennemis des Sans-culottes se sont réunis et accordés pour écraser le petit nombre de vrais Républicains qui se trouvaient à Nancy ; prodige qui n'est dû qu'au Représentant Faure, lequel a eu le talent de réunir des sentimens si opposés.

Dès lors la Commune de Nancy a vu



C

une espèce de contre-révolution dans ses murs, et un Représentant du Peuple en être le premier moteur ; dès lors il a suffi d'avoir été un ami, un partisan de Marat, et d'avoir professé les plus purs principes de la Montagne, pour être hué, incarcéré, ou persécuté sous des prétextes aussi ridicules, que la haine de ceux qui les supposaient était atroce.

Nous devons rétablir ici, dans sa pureté, un fait attéré par Faure, et qui, présenté dans son rapport sous un faux point de vue, semble dicté pour jeter de la défaveur sur les opérations de Lacoste et Mallarmé.

Il s'agit de Comité de Surveillance-révolutionnaire, créé à Nancy par ces deux Représentans, et dont les Membres ont, depuis, remplacé les Patriotes qui formaient le Comité de Surveillance, créé en vertu de la Loi, et dont Philip était Président.

Le Représentant Faure, dans sa justification, prétend que ce Comité révolutionnaire, qui a persécuté avec tant d'impudence les Patriotes, devait mériter sa confiance, parce que, dit-il, ce Comité fut créé par Lacoste et Mallarmé.

Nous devons découvrir l'insidieux et la fausseté de cette phrase.

Lacoste et Mallarmé, venus à Nancy pour presser la levée des forces qui devaient se réunir pour défendre la montagne de Saverne, créerent un Comité pour suivre la levée et l'armement des Citoyens qui se présentaient ; mais ce fut la Société populaire qui en nomma les Membres ; ce choix fut fait à la hâte et sans discernement ; les vrais Patriotes, déjà placés au Comité des Sans-culottes, à celui de Surveillance, ou employés dans des Commissions, ne purent être placés dans celle que créaient Lacoste et Mallarmé ; et par conséquent plusieurs Fédéralistes et faux Patriotes se trouvèrent nommés, et furent installés sur le champ. Or ce fut parmi ces individus, que Faure choisit, depuis, ceux qu'il appela pour composer le nouveau Comité de Surveillance, lequel mettait en liberté les Aristocrates, et fesait incarcérer les Patriotes. C'est donc mal à propos que Faure prétend que Lacoste ne doit pas avoir mauvaise opinion des Membres d'un Comité, que lui Faure a chargés de faire les recherches pour connaître les prétendus complices de Mauger, et persécuter les Patriotes.

Nous devons encore rétablir deux faits que le Représentant du Peuple, Faure, présente d'une manière fausse, et dont le premier tend à inculper encore ses Collègues Lacoste et Baudot. C'est à l'égard de la justice que ces deux Représentans ont rendue à Brisse et Galtaldy.

Il prétend, dans son rapport, qu'un Peuple nombreux, consulté sur le compte de ces deux Patriotes opprimés, se déclara contre eux, et que néanmoins, le lendemain, ils furent élargis.

Nous te demandons pardon, Représentant Faure; un Peuple nombreux ne se déclara point contre Brisse et Gastaldy; un seul homme, que l'on sait avoir été payé par les meneurs Aristocrates, le nommé *Levert*, a seul élevé sa voix et tenté de flétrir ees deux vrais Montagnards. Ceux de tes amis qui t'ont instruit de ce qui s'est passé dans cette Séance mémorable, t'ont encore trompé, si tu n'as été que trompé.

Le second fait, qu'il a plu au Représentant Faure de tronquer en sa faveur dans son rapport, est le degré où l'esprit public s'est élevé à Nancy lorsqu'il y séjournait, et qu'il semble vouloir faire croire être son ouvrage.

Tout Nancy attestera que même avant l'arrivée de Faure, Mauger, Febvé, Brisse et Philip avaient prêché la liberté des cultes; et dignes émules des Parisiens, avaient demandé la destruction des autels, elevés à la superstition, ainsi que l'anéantissement de tous les signes que les Prêtres avaient fait élever pour perpétuer l'ignorance et la crédulité des Peuples.

Au moment où la contre-révolution s'opérait à Nancy, que l'on ne croye pas qu'aucun Sans-culotte n'ait osé dire la vérité, et rappeler le Représentant Faure à une conduite plus digne d'un Mandataire d'un Peuple qui a juré de maintenir dans toute son intégrité, l'unité et l'indivisibilité de la République. Ce serait avoir mauvaise opinion de ces vrais amis de l'Égalité et de la Liberté, si l'on pouvait le penser.

C'est lorsque Faure semblait encore

fermer les yeux sur l'audace des Contre-révolutionnaires , et n'avoir l'air que d'être trompé par ses conseillers , que Philip, Commissaire de l'habillement des Troupes , dont Faure estropie si gratui-tement le nom , et que cependant il daignait appeler le franc Républicain , *le petit Marat* , que Philip , disons-nous , alors dénoncé par un agent de Faure , le scélérat Gency , pour faits de son admi-nistration , écrivit à ce Représentant, le 5 Frimaire, la Lettre que l'on trouve *aux Pièces justificatives de ce Mémoire,* N.º *1.*

Certainement les vrais Sans-culottes , qui liront cette Lettre , conviendront qu'il est impossible de parler d'une ma-nière plus claire , plus précise et plus respectueuse à un Représentant du Peu-ple; et ils ne douteront pas que si Faure n'avait été que trompé, cette Lettre n'eût été très-propre à lui faire ouvrir les yeux, et à le mettre à portée d'examiner de plus près la conduite et les sentimens politiques de ceux auxquels il donnait sa confiance.

Cependant, que l'on lise la réponse de

Faure à Philip , ( *Voyez Pièces justifica-tives* , N.º 2. ) et que l'on juge de ces sentimens par ce qu'il écrit.

Ne reconnaît-on pas dans sa Lettre le langage , non pas seulement d'un mo-déré , mais celui que tenaient à Ville-affranchie , les assassins de Chalier, lors-qu'ils disaient ne faire la guerre qu'aux frippons, et vouloir rétablir le règne de la probité ?

Mais comme nous nous sommes enga-gés de prouver que Faure paraît n'avoir été trompé que parce qu'il a bien voulu l'être, et qu'il a compromis les intérêts de la République à Nancy, malgré tou-tes les instructions et les représentations des vrais Patriotes , nous joignons à ce Mémoire , une seconde Lettre de Philip, en réponse à celle de Faure. ( *Voyez Pièces justificatives* , N.º 3. )

L'on conviendra , d'après tout ce que Philip a écrit à Faure pour l'éclairer, qu'il est difficile de se défendre de croire que ce dernier n'a été que trompé ; et s'il a été trompé parce qu'il a bien voulu l'être ; s'il a compromis à Nancy les inté-rêts de la République par son propre fait , doit-il se plaindre que l'on dise qu'il a organisé une contre-révolution à Nancy ?

Ce serait peut-être le cas d'examiner ici et de combattre les motifs que Faure allègue contre Febvé , Brisse , Arsant , Gastaldy , Laplaignié et Philip , pour faire croire que ces vrais Sans-culottes , traités d'abord par Faure en patriotes , ont tout à coup perdu la confiance de ce Représentant ; et persécutés par lui et ses adhérens , ont été considérés par eux , comme des factieux et des frippons.

Mais , comme des mensonges et des accès de haine ne sont ni des raisons , ni des faits , ni des preuves , et que d'ailleurs quelques-uns de ces Patriotes opprimés se proposent de donner un historique plus détaillé que nous des évènemens de Nancy , nous avons pensé devoir nous borner à prouver que Faure est le premier moteur volontaire ou involontaire , de la sorte de contre-révolution opérée à Nancy , en Frimaire dernier.

Les Représentans du Peuple , Lacoste , Baudot et Bar , ne manqueront pas de s'assurer , sur les lieux même , si la
conduite

conduite et les sentimens politiques de
Febvé l'aîné, Brisse, Arsant, Philip,
Laplaigné, Montrol, Cayon, Febvé le
jeune, Giverne, Gastaldy, Poirot-Valcourt, Colle, Sigisbert Blaize, Thouve-
nin-Fafet, Wulliez, Mouton, Desrivages,
coutelier, et autres Patriotes opprimés,
doivent ou non être préférés à la conduite
et aux sentimens politiques de la tourbe
impure des amis conseillers et partisans
de Faure, tels que les Gérard, Brachet,
Martin dit le grand-nez; Meunier, père et
fils; Dacraigne, Nicolas le Chimiste, Simo-
net, Bigelot, Barbillat, Demange, Royer,
Antoine le Commissionnaire, Botte,
Prieur, Lionnois, Gendre, Darly, Les-
calier, Berthier et sa sœur; Dumast,
Ex-commissaire de guerre; Puissant,
Multzer, Sibien, Tricolor Marque, Sau-
xerotte le jeune, Thiébault de Metz,
Jozeau, Geoffroi, Nicolaï, et deux à trois
mille autres Fédéralistes, Aristocrates,
Royalistes, Modérantistes, Girondistes,
Égoïstes, Agioteurs et Accapareurs, de
leur espèce, dont les principaux devront
porter leur tête sous le couteau de la
guillotine; et les moins criminels, rester

D

en arrestation jusqu'à la paix. Ainsi
soit-il.

Nous terminerons cette réponse, au
rapport justificatif de Faure, par une
réflexion qui doit frapper tous les esprits :
c'est qu'il est singulier que ce Représentant du Peuple, toujours prévenu en
faveur de ses coupables conseillers, op-
pose son opinion à celle de trois de ses
Collègues ; à un jugement du Tribunal
révolutionnaire de Paris, rendu après
une discussion de sept Séances ; à un
Décret de la Convention Nationale ; aux
témoignages solennels des Sociétés des
Jacobins, des Cordeliers, et de quelques
Sections de Paris, qui ont été l'écho de
l'opinion publique des Parisiens et de
tous les Sans-culottes de Nancy.

*EXTRAIT des Registres et Procès-verbaux des délibérations de la Société populaire de Nancy, réintégrée par les Représentans du Peuple, BAR, LACOSTE et BAUDOT. Séance du 4 Ventôse, l'an second de la République une et indivisible.*

LECTURE faite de la réponse de la Société, à la Lettre et au rapport du Représentant du Peuple, Faure; la Société l'a unanimement adopté, et en a ordonné l'impression au nombre de six mille exemplaires, l'envoi à la Convention Nationale, aux Sociétés des Jacobins et des Cordeliers, ainsi qu'au Conseil-général et à toutes les Sections de Paris, de même qu'à toutes les Sociétés populaires affiliées à celles des Jacobins et des Cordeliers.

*Signé*, GASTALDY, *Vice-Président;* BRANDON, ANTHOINET, GUERRE, *Secrétaires.*

# PIÈCES

## JUSTIFICATIVES.

*Copie de la Lettre écrite par PHILIP, Commissaire de l'Administration de l'habillement des Troupes à Nancy, au citoyen FAURE, Représentant du Peuple, en date du 5 de Frimaire de l'an second de la République.*

## CITOYEN REPRÉSENTANT !

PERMETS qu'un franc Républicain te présente quelques observations sur ce qui se passe à Nancy depuis quelques jours. Tu les apprécieras sans doute ; car tu es juste, et tu veux le triomphe de la République.

En comparant le présent avec le passé, il est facile de juger que les ennemis de la République veulent faire de Nancy ce qu'ils ont fait de Lyon.

La contre-révolution s'est faite à Lyon par des hommes qui criaient vive la République, et qui disaient la vouloir; ils ont égorgé les vrais amis de la Montagne, avec le glaive de la Loi, parce qu'ils les considéraient comme des anarchistes, des factieux, des amis de Pitt et de Cobourg; ils ont ameuté le Peuple contre les hommes à tête révolutionnaire, en les accusant d'être des voleurs, des assassins, et ont enfin fini par soutenir un siege qui a fait couler à grands flots le sang de nos Frères.

Hé bien, CITOYEN - REPRÉSENTANT, je redoute pour Nancy, ce qui s'est passé à Lyon, et je vais te faire sentir que je vois malheureusement bien.

Saisissant à propos l'indigne conduite de Mauger, les Aristocrates, les Fédéralistes, les agioteurs, les accapareurs et les fanatiques qui, depuis trois mois, étaient réduits au silence, ont levé tout à coup la tête, et crient contre les vrais Républicains, qui n'aguères les avaient écrasés.

Induit en erreur sur le compte des Républicains qui, sans le secours de

Mauger , avaient combattu et vaincu l'aristocratie, le fédéralisme et le fanatisme , tu n'observes pas assez les sentimens cachés, et le but perfide des hommes qui t'ont dit ce qui s'est fait à Nancy ; tu as un cœur droit, une ame pure, et un ardent amour pour le bien ; mais permets-moi de dire que tu n'es pas assez défiant , même pas assez observateur.

Tu as créé un Tribunal révolutionnaire, et pas un Révolutionnaire n'en est membre ; tu as créé un Comité de Surveillance – révolutionnaire , et excepté Colle et Poirot-Valcourt , ceux qui le composent ne sont pas révolutionnaires.

Tu as soumis ton choix à la Société populaire ; mais , dans quel moment ? Lorsqu'elle était pleine d'hommes et de femmes, qui n'y sont venus que depuis que , la turpitude de Mauger étant découverte, les ennemis de la République, enhardis, se sont élevés pour tomber sur les Patriotes qu'on a forcés de s'écarter des Séances.

En effet, Citoyen ; depuis ce jour, des Dames en chapeaux et pélisses , des Servantes d'Aristocrates , des Domestiques et des Juifs se rendent dans les tribunes de la Société, dès les deux heures après midi, et les remplissent de manière que les Patriotes, qui les occupaient ordinairement vers les cinq heures, ne peuvent plus y entrer.

Dans la Société, l'on y revoit aujourd'hui des Membres qui en avaient été expulsés depuis plus de trois mois, et qui l'avaient été comme professant le fédéralisme. L'on y voit un nommé Valory, ex-noble, ex-chanoine, et officier destitué, dénoncé aux Jacobins de Paris comme un scélérat ; c'est lui qui, avant-hier, criait qu'il fallait tomber sur Brisse, Maire, moi et tous les Membres du Comité de Surveillance ; l'on y voit un nommé Brachet, ci-devant attaché à d'Artois ; enfin l'on y voit des hommes criant qu'il faut rétablir la religion, qu'ils accusent les Sans-culottes d'avoir détruite ; l'on y écoute des dénonciations sans fondement, et même ridicules, faites avec l'intention d'aigrir, contre les individus dénoncés, un Peuple que l'on ne croit pas assez égaré ; l'on y prononce la destitution de Brisse, Maire, lorsque tu as

dit toi-même que les Sociétés populaires
ne pouvaient, avec raison, qu'inviter les
Autorités constituées de faire quelque
chose d'utile.

D'après cet exposé, CITOYEN-REPRÉ-
SENTANT, si tu peux douter qu'il n'y ait
à Nancy le projet d'y opérer une contre-
révolution, je ne saurai que penser de ton
opinion ; mais non, tu penseras comme
moi, tu verras le danger, et tu y appor-
teras le remède le plus prompt, puisqu'il
est en ton pouvoir.

Tranquille, parce que je suis sans reproche, parce que, dans l'affaire de
Mauger, ni dans mon séjour au Comité
de Surveillance, je n'ai rien fait qui puisse
m'être imputé à crime ; parce que nul
individu ne peut dire que j'ai reçu la
moindre chose, je n'ai nulle crainte sur
le résultat de la procédure que fera le
Tribunal que tu as créé. Tu dois savoir
à quoi t'en tenir sur mon compte même
à cet égard ; et quant aux mille et une
calomnies que l'on débite sur ma conduite comme administrateur, j'attends
encore avec tranquillité que tu nommes
une Commission, pour examiner si j'ai

en

en effet des reproches à me faire : jus-
que-là, comme tu l'as dit à la Société,
l'on doit suspendre tout jugement. Mais
observe que les ennemis de la Chose
publique, ceux qui se plaignent le plus,
qui crient le plus contre moi, ne disent
rien sur ma probité : ils disent que j'ai
été despote, parce que j'ai été juste et
sévère, que j'ai repoussé durement toute
espèce de sollicitation, et que j'ai souvent
dit au Peuple qu'il était imbécille dans
ses applaudissemens et dans le don peu
réfléchi de sa confiance. Observe encore
que j'étais absent, quand ce Peuple,
abusé par Mauger, consentit à élever
son buste auprès de celui de Marat ;
observe encore, que c'est moi et Brisse
qui fûmes te dénoncer les premiers l'opinion du Public sur la conduite peu déli-
cate de Mauger, sur l'empiètement qu'il
voulait prendre, et qu'il prenait sur le
Comité de Surveillance, pour les sorties
et les incarcérations.

J'oublie que je te parle trop de moi,
lorsque je ne voulais te parler que du
risque que court la République à Nancy ;
mais tu pardonneras sans doute à une

ame républicaine et sans reproche, un écart qui peut servir à l'éclaircir.

Je finis cette trop longue Lettre, Citoyen-Représentant, en te priant de méditer sur toutes les observations que je t'y fais pour l'intérêt public et la tranquillité de Nancy.

*Pour copie,* P H I L I P.

*Nancy, le 5 Frimaire.*

J'OBSERVE tout, Citoyen, rien ne m'échappe. Depuis 1788 j'ai combattu l'aristocratie et je la combattrai toujours, ainsi que les fripons, tels que Mauger et ses amis, tels que Durosel. S'il y a ici une contre-révolution actuelle, c'est celle de la friponnerie; et je vois à regret que ceux qui fréquentaient le plus Mauger, se taisent sur son compte.

Au surplus, je ne m'en tiens pas aux paroles, mais aux faits, et j'agis en connaissance de cause. L'aristocratie ne triomphera pas, sois-en sûr; mais j'établirai le règne de la Liberté, de l'Egalité et de la probité. Enfin, que les innocens soient tranquilles, je saurai les connaître ainsi que les coupables.

SALUT ET FRATERNITÉ.

*Signé*, FAURE.

*Pour copie conforme à l'original que je conserve avec soin et pour cause*, PHILIP.

*6 Frimaire.*

PHILIP au Citoyen FAURE,
*Représentant du Peuple.*

CITOYEN-REPRÉSENTANT :

JE crois fermement, comme tu me le dis, que depuis 1788 tu as combattu l'aristocratie ; mais tu ne me dis pas que tu as combattu le fédéralisme ; ta lettre, permets-moi de te dire encore cette vérité, prouve de ta part plus de passion contre Mauger, dont je t'ai vu chérir les principes révolutionnaires, que de haine contre les fauteurs de la contre-révolution, que je te dis, moi, s'opérer à Nancy.

Je déteste comme toi les fripons , et j'en ai poursuivi plusieurs ; j'ai combattu comme toi l'aristocratie ; mais j'ai fait plus que toi, j'ai combattu depuis sa naissance l'hydre du fédéralisme : mes discours, mes écrits respirent mon invincible haine contre les partisans de ce système absurde et destructeur de la Liberté et de l'Egalité. Prouve-moi donc que tu partages mon opinion à cet égard ; et cette opinion , cette haine m'est commune avec les vrais Montagnards ; Prouve-moi , dis-je, que ta conduite depuis quelques jours à Nancy , est celle d'un vrai Montagnard , pour que je croye que tu n'es pas trompé, ou que tu ne professes pas le système des Brissotins, des Girondistes, et de toute cette troupe de scélérats qui sont parvenus à corrompre l'esprit public à Bordeaux , Lyon , Toulon , Marseille et Nancy , lesquels monstres cependant avaient comme toi combattu l'aristocratie.

Si Mauger, dont Brisse et moi t'avons dénoncé la turpitude d'après l'opinion publique , est réellement coupable, fais-le punir ; mais ne confonds pas avec lui des hommes qui n'ont pas seulement combattu l'aristocratie , mais qui sans cesse ont combattu le fédéralisme dans cette Ville ; éloigne de toi sur-tout ces hommes dont le patriotisme est si nouveau, et qui n'aguères étaient des aristocrates ou des fédéralistes enragés. Défie-toi du moins de ces scélérats, de ces faux Patriotes, de ces Modérantistes si dangereux pour le salut de la République, dont je vois que tu t'entoures depuis quelques jours; car je te prédis qu'ils ne te feront faire que des actes contre-révolutionnaires. Songe qu'un vrai Montagnard ne doit pas oublier que la France est en pleine révolution jusqu'à la mort du dernier tyran, et que la terreur est à l'ordre du jour.

Comme dans les premiers jours de notre connaissance, tu m'as témoigné de la confiance, et que ta Lettre même ne me prouve pas que je l'aye entièrement perdue, j'ai cru devoir te donner cette marque de ma reconnaissance, en te disant la vérité ; et pour récompense de cet acte de républicanisme, je te prie de ne pas perdre de temps pour nommer

une Commission, que tu chargeras d'examiner scrupuleusement ma conduite
administrative, pour que son jugement
ferme la bouche à mes calomniateurs,
me conserve ton estime, et me mette à
portée de servir de concert avec toi la
Chose publique.

SALUT ET FRATERNITÉ.

*Pour copie* PHILIP.

A NANCY,

Chez GUIVARD, Imprimeur de la Société des
Sans-culottes, rue de la Montagne, N.º 381.

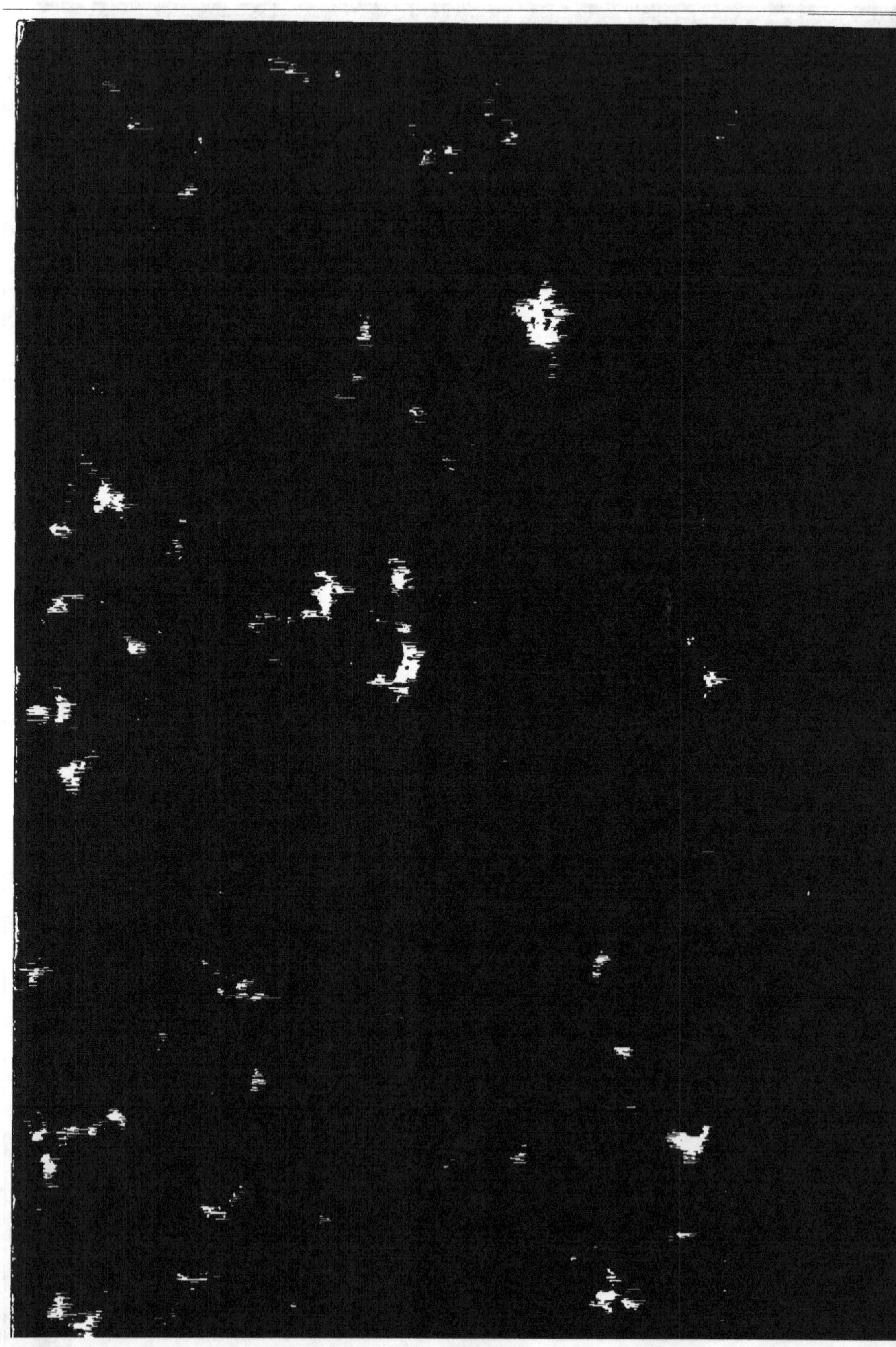